기억의 힘으로 뇌를 깨우다

읽고 따라쓰는 한국명시

기억의 힘으로 뇌를 깨우다

읽고 따라쓰는 한국명시

초판 1쇄 인쇄일 2024년 08월 12일
초판 1쇄 발행일 2024년 08월 12일

엮은이 | 서미경
펴낸이 | 장재수
기　획 | 김익현
마케팅 | 류철희
편　집 | 빅픽처

펴낸곳 | (주)화엄북스 / 피트웰
등록번호 | 제2023-983191호
판매처 | (주)화엄북스
주　소 | 경기도 일산동구 노첨길 56번길 63-9
전　화 | (031) 901-9755
팩　스 | (031) 901-9766
이메일 | fitwellbook@naver.com
제작처 | (주)성일다이어리

ISBN 979-11-988675-1-3　13710
정가 12,000원

기억의 힘으로 뇌를 깨우다!

읽고 따라 쓰는 한국명시

서미경 엮음

fitwell

시니어헬스케어 · 피트웰

머리말

책 읽기의 단순한 행위가 우리의 뇌 활동에 많은 긍정적 영향을 미칩니다.

텍스트를 인식하고 이해하며 뇌의 여러 단계를 거쳐 정보를 처리하고 뇌로 전달하며,

이 과정에서 전방, 측두, 후두 등 여러 부분의 뇌운동 활성화로 다양한 긍정적 영향을 미치며,

정서적 안정과 인지능력 향상, 사고력을 발전시킵니다.

빈칸 채워넣기, 따라쓰기, 숨은 그림찾기는 소근육 발달과 인지, 시지각 뇌기능을 활성화해

학습능력과 창의성을 자극함으로 우리의 뇌를 더욱 효과적으로 활용할 수 있게 됩니다.

아동에서 노인까지 꾸준히 읽기 쓰기를 반복 실행하는 것이 뇌건강을 지키며

우리의 삶을 활기차게 하는 가장 좋은 방법이 아닐까 생각합니다.

피트웰 편집부 일동

차 례

이 책의 구성과 사용법

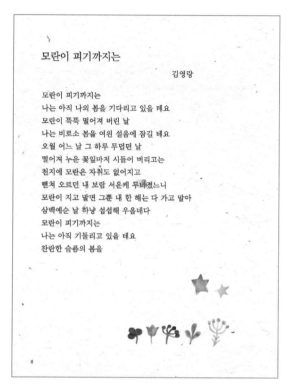

1. 시를 음미하면서 천천히 여러번 읽어봅니다.

모란이 피기까지는

김영랑

모란이 피기까지는
나는 아직 나의 봄을 기다리고 있을 테요
모란이 뚝뚝 떨어져 버린 날
나는 비로소 봄을 여읜 설움에 잠길 테요
오월 어느 날 그 하루 무덥던 날
떨어져 누운 꽃잎마저 시들어 버리고는
천지에 모란은 자취도 없어지고
뻗쳐 오르던 내 보람 서운케 무너졌느니
모란이 지고 말면 그뿐 내 한 해는 다 가고 말아
삼백예순 날 하냥 섭섭해 우옵네다
모란이 피기까지는
나는 아직 기둘리고 있을 테요
찬란한 슬픔의 봄을

2. 네모 빈칸에 알맞는 단어를 채워넣습니다.

모란이 피기까지는

□□이 피기까지는
나는 아직 나의 □□을 기다리고 있을 테요
모란이 □□ 떨어져 버린 날
나는 비로소 봄을 여읜 □□에 잠길 테요
□□ 어느 날 그 □□ 무덥던 날
떨어져 누운 □□□마저 시들어 버리고는
□□에 모란은 □□도 없어지고
뻗쳐 오르던 내 □□ 서운케 무너졌느니
모란이 지고 말면 그뿐 내 한 □는 다 가고 말아
□□□□ 날 하냥 섭섭해 우옵네다

3. 시를 잘 보고 또박또박 따라써봅니다.

잘 보고 한 글자 한 글자 따라써봅니다.

모란이 피기까지는
나는 아직 나의 봄을 기다리고 있을 테요
모란이 뚝뚝 떨어져 버린 날
나는 비로소 봄을 여읜 설움에 잠길 테요
오월 어느 날 그 하루 무덥던 날
떨어져 누운 꽃잎마저 시들어 버리고는
천지에 모란은 자취도 없어지고
뻗쳐 오르던 내 보람 서운케 무너졌느니
모란이 지고 말면 그뿐 내 한 해는 다 가고 말아
삼백예순 날 하냥 섭섭해 우옵네다

4. 두 그림을 보고 다른 그림을 찾아봅니다.

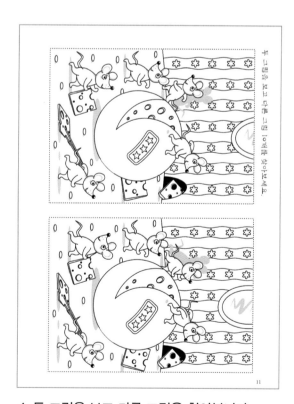

두 그림을 보고 다른 그림 10개를 찾아보세요.

모란이 피기까지는

김영랑

모란이 피기까지는

나는 아직 나의 봄을 기다리고 있을 테요

모란이 뚝뚝 떨어져 버린 날

나는 비로소 봄을 여읜 설움에 잠길 테요

오월 어느 날 그 하루 무덥던 날

떨어져 누운 꽃잎마저 시들어 버리고는

천지에 모란은 자취도 없어지고

뻗쳐 오르던 내 보람 서운케 무너졌느니

모란이 지고 말면 그뿐 내 한 해는 다 가고 말아

삼백예순 날 하냥 섭섭해 우옵네다

모란이 피기까지는

나는 아직 기둘리고 있을 테요

찬란한 슬픔의 봄을

모란이 피기까지는

□□이 피기까지는

나는 아직 나의 □을 기다리고 있을 테요

모란이 □□ 떨어져 버린 날

나는 비로소 봄을 여읜 □□에 잠길 테요

□□ 어느 날 그 □□ 무덥던 날

떨어져 누운 □□ 마저 시들어 버리고는

□□에 모란은 □□도 없어지고

뻗쳐 오르던 내 □□ 서운케 무너졌느니

모란이 지고 말면 그뿐 내 한 □는 다 가고 말아

□□□ 날 하냥 섭섭해 우옵네다

잘 보고 한 글자 한 글자 따라써봅니다.

모란이 피기까지는

나는 아직 나의 봄을 기다리고 있을 테요

모란이 뚝뚝 떨어져 버린 날

나는 비로소 봄을 여읜 설움에 잠길 테요

오월 어느 날 그 하루 무덥던 날

떨어져 누운 꽃잎마저 시들어 버리고는

천지에 모란은 자취도 없어지고

뻗쳐 오르던 내 보람 서운케 무너졌느니

모란이 지고 말면 그뿐 내 한 해는 다 가고 말아

삼백예순 날 하냥 섭섭해 우옵네다

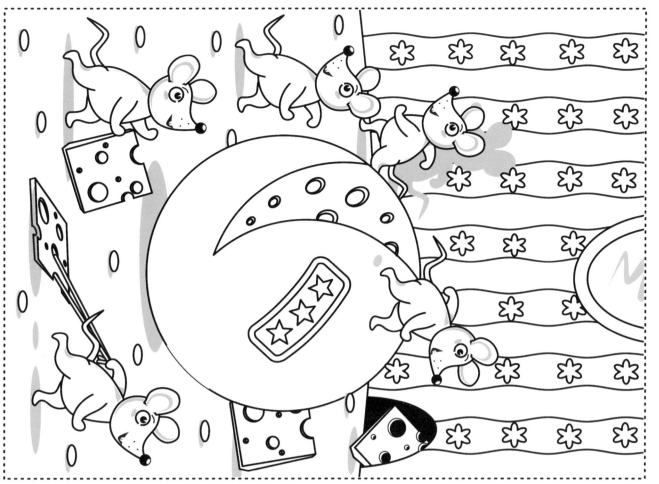

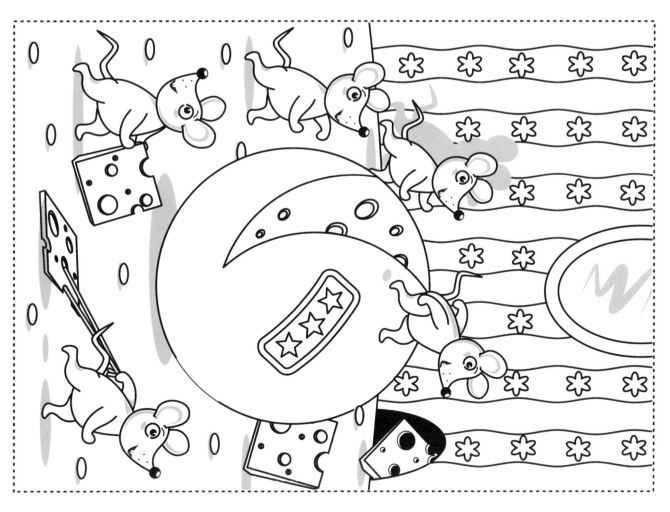

돌담에 속삭이는 햇발

김영랑

돌담에 속삭이는 햇발같이
풀 아래 웃음 짓는 샘물같이
내 마음 고요히 고운 봄 길 위에
오늘 하루 하늘을 우러르고 싶다.

새악시 볼에 떠오논 부끄럼같이
시의 가슴에 살포시 젖는 물결같이
보드레한 에메랄드 얇게 흐르는
실비단 하늘을 바라보고 싶다

돌담에 속삭이는 햇발

돌담에 속삭이는 햇발

☐☐에 속삭이는 ☐☐같이

☐ 아래 웃음 짓는 ☐☐같이

내 ☐☐ 고요히 고운 ☐ 길 위에

오늘 하루 ☐☐을 우러르고 싶다.

☐☐☐ 볼에 떠오르는 부끄럼같이

시의 가슴에 ☐☐☐ 젖는 물결같이

보드레한 ☐☐☐☐ 얇게 흐르는

☐☐☐ 하늘을 바라보고 싶다

잘 보고 한 글자 한 글자 따라써봅니다.

돌담에 속삭이는 햇발같이

풀 아래 웃음 짓는 샘물같이

내 마음 고요히 고운 봄 길 위에

오늘 하루 하늘을 우러르고 싶다.

새악시 볼에 떠오르는 부끄럼같이

시의 가슴에 살포시 젖는 물결같이

보드레한 에메랄드 얇게 흐르는

실비단 하늘을 바라보고 싶다

15

거문고

김영랑

검은 벽에 기대선 채로
해가 그무번 바뀌었는디
내 기린은 영영 울지를 못한다

그 가슴을 퉁 흔들고 간 노인의 손
지금 어느 끝없는 향연에 높이 앉았으려니
땅 우의 외론 기린이야 하마 잊어졌을라

바깥은 거친 들 이리떼만 몰려다니고
사람인 양 꾸민 잔나비떼들 쏘다다니어
내 기린은 맘둘 곳 몸둘 곳 없어지다

문 아주 굳이 닫고 벽에 기대선 채
해가 또 한 번 바뀌거늘
이 밤도 내 기린은 맘놓고 울들 못한다

거문고

검은 □에 기대선 채로

해가 □□□ 바뀌었는디

내 □□은 영영 울지를 못한다

그 □□을 퉁 흔들고 간 □□의 손

지금 어느 끝없는 □□에 높이 앉았으려니

□ 우의 외론 □□이야 하마 잊어졌을라

바깥은 거친 들 □□□만 몰려다니고

□□인 양 꾸민 □□□떼들 쏘다다니어

내 □□은 □둘 곳 □둘 곳 없어지다

잘 보고 한 글자 한 글자 따라써봅니다.

검은 벽에 기대선 채로

해가 그무번 바뀌었는디

내 기린은 영영 울지를 못한다

그 가슴을 통 흔들고 간 노인의 손

지금 어느 끝없는 향연에 높이 앉았으려니

땅 우의 외론 기린이야 하마 잊어졌을라

바깥은 거친 들 이리떼만 몰려다니고

사람인 양 꾸민 잔나비떼들 쏘다다니어

내 기린은 맘둘 곳 몸둘 곳 없어지다

두 그림을 보고 다른 그림 10개를 찾아보세요.

19

국화 옆에서

서정주

한송이의 국화꽃을 피우기 위해
봄부터 소쩍새는
그렇게 울었나보다

한 송이의 국화꽃을 피우기 위해
천둥은 먹구름 속에서
또 그렇게 울었나보다.

그립고 아쉬움에 가슴 조이던
머언 먼 젊음의 뒤안길에서
이제는 돌아와 거울 앞에 선
내 누님같이 생긴 꽃이여

노오란 네 꽃잎이 피려고
간밤에 무서리가 저리 내리고
내개는 잠도 오지 않았나 보다

국화 옆에서

한송이의 ☐☐☐을 피우기 위해

☐부터 ☐☐는

그렇게 울었나보다

한 ☐☐의 국화꽃을 피우기 위해

☐☐은 먹구름 속에서

또 그렇게 울었나보다.

그립고 아쉬움에 ☐☐ 조이던

머언 먼 ☐☐의 뒤안길에서

이제는 돌아와 ☐☐ 앞에 선

내 ☐☐ 같이 생긴 꽃이여

잘 보고 한 글자 한 글자 따라써봅니다.

한송이의 국화꽃을 피우기 위해

봄부터 소쩍새는

그렇게 울었나보다

한 송이의 국화꽃을 피우기 위해

천둥은 먹구름 속에서

또 그렇게 울었나보다.

그립고 아쉬움에 가슴 조이던

머언 먼 젊음의 뒤안길에서

이제는 돌아와 거울 앞에 선

내 누님같이 생긴 꽃이여

해당화

한용운

당신은 해당화 피기 전에 오신다고 하였습니다.
봄은 벌써 늦었습니다.
봄이 오기 전에는 어서 오기를 바랐더니
봄이 오고 보니 너무 일찍 왔나 두려워합니다.

철모르는 아이들은 뒷동산에 해당화가 피었다고
다투어 말하기로 듣고도 못 들은 체 하였더니
야속한 봄바람은 나는 꽃을 불어서
경대 위에 놓입니다그려.

시름없이 꽃을 주워서 입술에 대고
'너는 언제 피었니'하고 물었습니다.
꽃은 말도 없이 나의 눈물에 비쳐서
둘도 되고 셋도 됩니다.

해당화

당신은 ☐☐☐ 피기 전에 오신다고 하였습니다.

☐은 벌써 늦었습니다.

봄이 ☐☐ 전에는 어서 오기를 바랐더니

봄이 ☐☐ 보니 너무 일찍 왔나 두려워합니다.

철모르는 아이들은 ☐☐☐에 해당화가 피었다고

☐☐☐ 말하기로 듣고도 못 들은 체 하였더니

야속한 ☐☐☐은 나는 ☐을 불어서

☐☐ 위에 놓입니다그려.

잘 보고 한 글자 한 글자 따라써봅니다.

당신은 해당화 피기 전에 오신다고 하였습니다.

봄은 벌써 늦었습니다.

봄이 오기 전에는 어서 오기를 바랐더니

봄이 오고 보니 너무 일찍 왔나 두려워합니다.

철모르는 아이들은 뒷동산에 해당화가 피었다고

다투어 말하기로 듣고도 못 들은 체 하였더니

야속한 봄바람은 나는 꽃을 불어서

경대 위에 놓입니다그려.

알 수 없어요

한용운

바람도 없는 공중에 수직의 파문을 내이며
고요히 떨어지는 오동잎은 누구의 발자취입니까

지리한 장마 끝에 서풍에 몰려가는
무서운 검은 구름의 터진 틈으로
언뜻언뜻 보이는 푸른 하늘은 누구의 얼굴입니까

꽃도 없는 깊은 나무에 푸른 이끼를 거쳐서
옛 탑 위의 고요한 하늘을 스치는
알 수 없는 향기는 누구의 입김입니까

근원은 알지도 못할 곳에서 나서
돌부리를 울리고 가늘게 흐르는 작은 시내는
굽이굽이 누구의 노래입니까

연꽃 같은 발꿈치로 가이없는 바다를 밟고
옥 같은 손으로 끝없는 하늘을 만지면서
떨어지는 해를 곱게 단장하는 저녁놀은 누구의 시입니까

타고 남은 재가 다시 기름이 됩니다

그칠 줄을 모르고 타는 나의 가슴은
누구의 밤을 지키는 약한 등불입니까

알 수 없어요

바람도 없는 □□에 수직의 □□을 내이며

고요히 떨어지는 □□□은 누구의 발자취입니까

지리한 □□ 끝에 □□에 몰려가는

무서운 검은 □□의 터진 □으로

언뜻언뜻 보이는 푸른 □□은 누구의 얼굴입니까

□도 없는 깊은 나무에 푸른 □□를 거쳐서

옛 □ 위의 고요한 □□을 스치는

알 수 없는 □□는 누구의 □□입니까

잘 보고 한 글자 한 글자 따라써봅니다.

바람도 없는 공중에 수직의 파문을 내이며

고요히 떨어지는 오동잎은 누구의 발자취입니까

지리한 장마 끝에 서풍에 몰려가는

무서운 검은 구름의 터진 틈으로

언뜻언뜻 보이는 푸른 하늘은 누구의 얼굴입니까

꽃도 없는 깊은 나무에 푸른 이끼를 거쳐서

옛 탑 위의 고요한 하늘을 스치는

알 수 없는 향기는 누구의 입김입니까

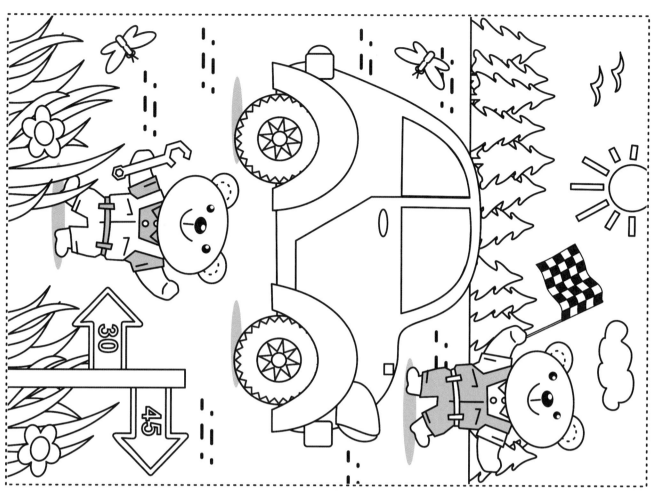

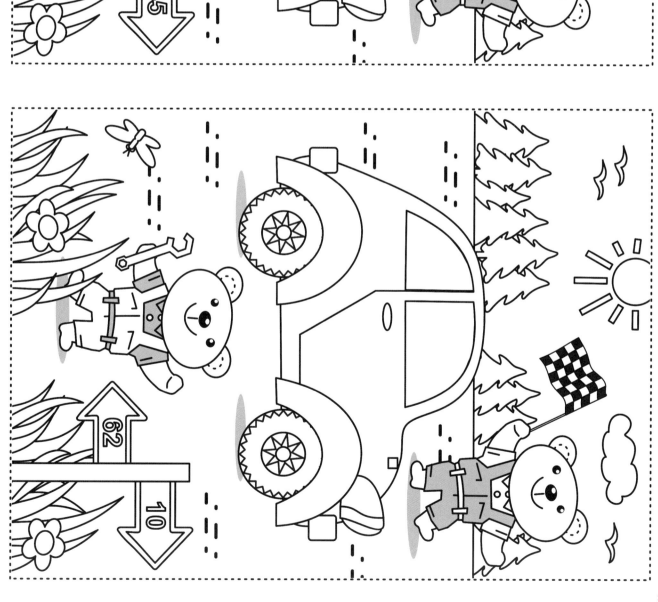

31

승무

조지훈

얇은 사 하이얀 고깔은
고이 접어서 나빌레라

파르라니 깍은 머리
박사 고깔에 감추오고

두 볼에 흐르는 빛이
정작으로 고와서 서러워라

빈대에 황촉불이 말없이 녹는 밤에
오동잎 잎새마다 달이 지는데

소매는 길어서 하늘은 넓고
돌아설 듯 날아가며 사뿐히 접어올린 외씨보선이여

까만 눈동자 살포시 들어
먼 하늘 한 개 별빛에 모두오고

복사꽃 고운 뺨에 아롱질 듯 두 방울이야
세사에 시달려도 번뇌는 별빛이라

휘어져 감기우고 다시 접어 뻗는 손이
깊은 마음속 거룩한 합장인 양하고

이 밤사 귀또리도 지새는 삼경인데
얇은 사 하이얀 고깔은 고이 접어서 나빌레라

승무

얇은 □ 하이얀 □□은

고이 접어서 □□□□

파르라니 깍은 □□

□□ □□에 감추오고

두 □에 흐르는 □이

□□으로 □□□ 서러워라

□□에 □□□이 말없이 녹는 밤에

오동잎 □□마다 □이 지는데

잘 보고 한 글자 한 글자 따라써봅니다.

얇은 사 하이얀 고깔은

고이 접어서 나빌레라

파르라니 깎은 머리

박사 고깔에 감추오고

두 볼에 흐르는 빛이

정작으로 고와서 서러워라

빈대에 황촉불이 말없이 녹는 밤에

오동잎 잎새마다 달이 지는데

두 그림을 보고 다른 그림 10개를 찾아보세요.

산상의 노래

조지훈

높으디높은 산마루
낡은 고목에 못 박힌 듯 기대어
내 홀로 긴 밤을 무엇을 간구하며 울어 왔는가

아아 이 아침
시들은 핏줄의 구비구비로 사늘한 가슴의 한복판까지
은은히 울려오는 종소리

이제 눈감아도 오히려 꽃다운 하늘이거니
내 영혼의 촛불로 어둠 속에 나래 떨던 샛별아 숨으라

환히 트이는 이마 우
떠오르는 햇살은 시월상달의 꿈과 같고나

메마른 입술에 피가 돌아
오래 잊었던 피리의 가락을 더듬노니

새들 즐거이 구름 끝에 노래 부르고
사슴과 토끼는 한 포기 향기로운 싸릿순을 사양하라

여기 높으디높은 산마루
맑은 바람 속에 옷자락을 날리며
내 홀로 서서 무엇을 기다리며 노래하는가

산상의 노래

높으디높은 ☐☐☐

낡은 ☐☐에 못 박힌 듯 기대어

내 홀로 긴 ☐을

무엇을 ☐☐☐ 울어 왔는가

아아 이 ☐☐

시들은 ☐☐의 구비구비로

사늘한 ☐☐의 한복판까지

은은히 울려오는 ☐☐

이제 눈감아도 오히려 ☐☐ 하늘이거니

내 ☐☐의 촛불로 어둠 속에

나래 떨던 ☐☐아 숨으라

잘 보고 한 글자 한 글자 따라써봅니다.

높으디높은 산마루

낡은 고목에 못 박힌 듯 기대어 내 홀로 긴 밤을

무엇을 간구하며 울어 왔는가

아아 이 아침

시들은 핏줄의 구비구비로

사늘한 가슴의 한복판까지

은은히 울려오는 종소리

이제 눈감아도 오히려 꽃다운 하늘이거니

내 영혼의 촛불로 어둠 속에

나래 떨던 샛별아 숨으라

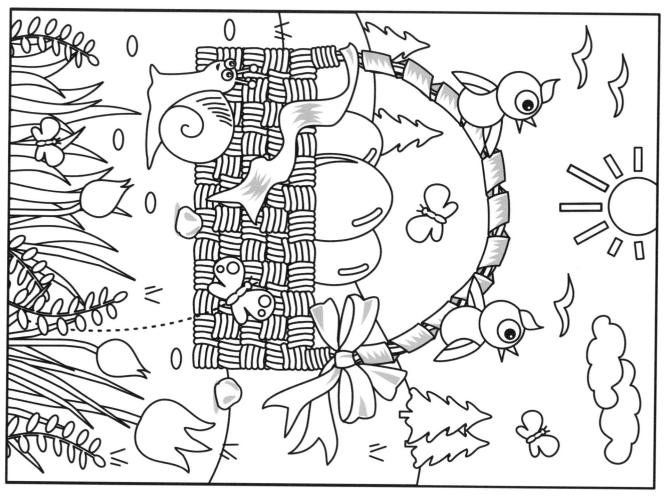

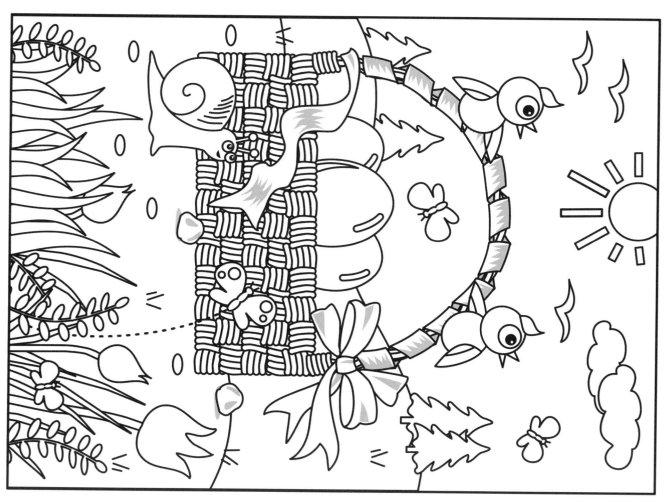

서시

윤동주

죽는 날까지 하늘을 우러러
한점 부끄럼이 없기를
잎새에 이는 바람에도
나는 괴로워했다
별을 노래하는 마음으로
모든 죽어가는 것을 사랑해야지
그리고 나한테 주어진 길을
걸어가야겠다

오늘밤에도 별이 바람에 스치운다

서시

죽는 날까지 ☐☐을 우러러

한점 ☐☐☐이 없기를

☐☐에 이는 바람에도

나는 괴로워했다

☐을 노래하는 ☐☐으로

모든 죽어가는 것을 ☐☐해야지

그리고 나한테 주어진 ☐을

걸어가야겠다

오늘밤에도 ☐이 ☐☐에 스치운다

잘 보고 한 글자 한 글자 따라써봅니다.

죽는 날까지 하늘을 우러러

한점 부끄럼이 없기를

잎새에 이는 바람에도

나는 괴로워했다

별을 노래하는 마음으로

모든 죽어가는 것을 사랑해야지

그리고 나한테 주어진 길을

걸어가야겠다

오늘밤에도 별이 바람에 스치운다

진달래꽃

김소월

나 보기가 역겨워
가실 때에는
말없이 고이 보내 드리오리다

영변에 약산
진달래꽃
아름 따다 가실 길에 뿌리오리다

가시는 걸음걸음
놓인 그 꽃을
사뿐히 즈려밟고 가시옵소서

나 보기가 역겨워
가실 때에는
죽어도 아니 눈물 흘리오리다

진달래꽃

나 보기가 ☐☐☐ 가실 때에는

말없이 ☐☐ 보내 드리오리다

영변에 약산 ☐☐☐☐

☐☐ 따다 가실 ☐에 뿌리오리다

가시는 ☐☐ 걸음 놓인 그 꽃을

☐☐☐ 즈려밟고 가시옵소서

나 보기가 ☐☐☐ 가실 때에는

죽어도 아니 ☐☐ 흘리오리다

잘 보고 한 글자 한 글자 따라써봅니다.

나 보기가 역겨워 가실 때에는

말없이 고이 보내 드리오리다

영변에 약산 진달래꽃

아름 따다 가실 길에 뿌리오리다

가시는 걸음걸음 놓인 그 꽃을

사뿐히 즈려밟고 가시옵소서

나 보기가 역겨워 가실 때에는

죽어도 아니 눈물 흘리오리다

초혼

김소월

산산이 부서진 이름이여!
허공중에 헤어진 이름이여!
불러도 주인 없는 이름이여!
부르다가 내가 죽을 이름이여!

심중에 남아 있는 말 한 마디는
끝끝내 마저 하지 못하였구나.
사랑하는 그 사람이여!
사랑하는 그 사람이여!

붉은 해는 서산마루에 걸리었다.
사슴의 무리도 슬피 운다.
떨어져 나가 앉은 산 위에서
나는 그대의 이름을 부르노라.

설운에 겹도록 부르노라.
설움에 겹도록 부르노라.
부르는 소리는 비껴가지만
하늘과 땅 사이가 너무 넓구나.

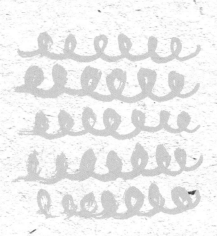

선 채로 이 자리에 돌이 되어도
부르다가 내가 죽을 이름이여!
사랑하던 그 사람이여!
사랑하던 그 사람이여!

초혼

산산이 부서진 ☐☐이여!

☐☐☐에 헤어진 이름이여!

불러도 ☐☐ 없는 이름이여!

부르다가 내가 ☐☐ 이름이여!

☐☐에 남아 있는 말 한 마디는

☐☐☐ 마저 하지 못하였구나.

사랑하는 그 ☐☐이여!

☐☐☐☐ 그 사람이여!

잘 보고 한 글자 한 글자 따라써봅니다.

산산이 부서진 이름이여!

허공중에 헤어진 이름이여!

불러도 주인 없는 이름이여!

부르다가 내가 죽을 이름이여!

심중에 남아 있는 말 한 마디는

끝끝내 마저 하지 못하였구나.

사랑하는 그 사람이여!

사랑하는 그 사람이여!

두 그림을 보고 다른 그림 10개를 찾아보세요.

나그네

박목월

강나루 건너서
밀밭 길을

구름에 달 가듯이
가는 나그네

길은 외줄기
남도 삼백리

술 익는 마을마다
타는 저녁놀

구름에 달 가듯이
가는 나그네

나그네

☐☐☐ 건너서

☐☐ 길을

구름에 ☐ 가듯이

가는 ☐☐☐

☐은 외줄기

☐☐ 삼백리

☐ 익는 마을마다

타는 ☐☐☐

☐☐에 달 가듯이

가는 ☐☐☐

잘 보고 한 글자 한 글자 따라써봅니다.

강나루 건너서

밀밭 길을

구름에 달 가듯이

가는 나그네

길은 외줄기

남도 삼백리

술 익는 마을마다

타는 저녁놀

구름에 달 가듯이

가는 나그네

두 그림을 보고 다른 그림 10개를 찾아보세요.

55

물새알 산새알

박목월

물새는 물새라서
바닷가 바위 틈에 알을 낳는다
보얗게 하얀 물새알

산새는 산새라서
잎수풀 둥지 안에 알을 낳는다
알락달락 알록진 산새알

물새알은
간간하고 짭조름한 미역 냄새, 바람 냄새

산새알은
달콤하고 향긋한 풀꽃 냄새, 이슬 냄새

물새알은 물새알이라서
날갯죽지 하얀 물새가 된다

산새알은 산새알이라서
머리꼭지에 빨간 댕기를 드린 산새가 된다

물새알 산새알

물새는 □□라서

바닷가 바위 □에 □을 낳는다

보얗게 하얀 □□□

산새는 □□라서

잎수풀 □□ 안에 □을 낳는다

알락달락 □□□ 산새알

□□알은

간간하고 짭조름한 □□ 냄새, □□ 냄새

□□알은

달콤하고 향긋한 □□ 냄새, □□ 냄새

잘 보고 한 글자 한 글자 따라써봅니다.

물새는 물새라서

바닷가 바위 틈에 알을 낳는다

보얗게 하얀 물새알

산새는 산새라서

잎수풀 둥지 안에 알을 낳는다

알락달락 알록진 산새알

물새알은

간간하고 짭조름한 미역 냄새, 바람 냄새

산새알은

달콤하고 향긋한 풀꽃 냄새, 이슬 냄새

두 그림을 보고 다른 그림 10개를 찾아보세요.

59

사슴

노천명

모가지가 길어서 슬픈 짐승이여
언제나 점잖은 편 말이 없구나
관이 향기로운 너는
무척 높은 족속이었나 보다

물 속의 제 그림자를 들여다보고
잃었던 전설을 생각해 내고는
어찌할 수 없는 향수에
슬픈 모가지를 하고 먼 데 산을 바라본다

사슴

☐☐☐가 길어서 슬픈 ☐☐이여

언제나 점잖은 편 ☐이 없구나

☐이 향기로운 너는

무척 높은 ☐☐이었나 보다

물 속의 제 ☐☐☐를 들여다보고

잃었던 ☐☐을 생각해 내고는

어찌할 수 없는 ☐☐에

슬픈 ☐☐☐를 하고 먼 데 ☐을 바라본다

잘 보고 한 글자 한 글자 따라써봅니다.

모가지가 길어서 슬픈 짐승이여

언제나 점잖은 편 말이 없구나

관이 향기로운 너는

무척 높은 족속이었나 보다

물 속의 제 그림자를 들여다보고

잃었던 전설을 생각해 내고는

어찌할 수 없는 향수에

슬픈 모가지를 하고 먼 데 산을 바라본다

청포도

이육사

내 고장 칠월은
청포도가 익어 가는 시절

이 마을 전설이 주저리주저리 열리고
먼 데 하늘이 꿈꾸며 알알이 들어와 박혀

하늘 밑 푸른 바다가 가슴을 열고
흰 돛단배가 곱게 밀려서 오면

내가 바라는 손님은 고달픈 몸으로
청포를 입고 찾아온다고 했으니

내 그를 맞아 이 포도를 따먹으면
두 손은 함뿍 적셔도 좋으련

아이야, 우리 식탁엔 은쟁반이
하이얀 모시 수건을 마련해 두렴

청포도

내 고장 ☐☐은

☐☐☐가 익어 가는 시절

이 마을 ☐☐이 주저리주저리 열리고

먼 데 ☐☐이 꿈꾸며 ☐☐이 들어와 박혀

하늘 밑 푸른 바다가 ☐☐을 열고

흰 ☐☐☐가 곱게 밀려서 오면

내가 바라는 ☐☐은 고달픈 몸으로

☐☐를 입고 찾아온다고 했으나

내 그를 맞아 이 ☐☐를 따먹으면

두 손은 ☐☐ 적셔도 좋으련

잘 보고 한 글자 한 글자 따라써봅니다.

내 고장 칠월은

청포도가 익어 가는 시절

이 마을 전설이 주저리주저리 열리고

먼 데 하늘이 꿈꾸며 알알이 들어와 박혀

하늘 밑 푸른 바다가 가슴을 열고

흰 돛단배가 곱게 밀려서 오면

내가 바라는 손님은 고달픈 몸으로

청포를 입고 찾아온다고 했으니

내 그를 맞아 이 포도를 따먹으면

두 손은 함뿍 적셔도 좋으련

눈물

김현승

더러는
옥토에 떨어지는 작은 생명이고저……

흠도 티도
금가지 않은
나의 전체는 오직 이뿐

더욱 값진 것으로
드리라 하올 제

나의 가장 나아종 지니인 것도 오직 이것뿐
아름다운 나무의 꽃이 시듦을 보시고
열매를 맺게 하신 당신은

나의 웃음을 만드신 후에
새로이 나의 눈물을 지어 주시다

눈물

더러는

☐☐에 떨어지는 작은 ☐☐이고저……

☐도 ☐도 금가지 않은

나의 ☐☐는 오직 이뿐

더욱 값진 것으로 드리라 하올 ☐

나의 가장 ☐☐☐지니인 것도 오직 이것뿐

아름다운 나무의 ☐이 ☐☐을 보시고

☐☐를 맺게 하신 당신은

나의 ☐☐을 만드신 후에

새로이 나의 ☐☐을 지어 주시다

잘 보고 한 글자 한 글자 따라써봅니다.

더러는

옥토에 떨어지는 작은 생명이고저……

흠도 티도 금가지 않은

나의 전체는 오직 이뿐

더욱 값진 것으로 드리라 하올 제

나의 가장 나아종 지니인 것도 오직 이것뿐

아름다운 나무의 꽃이 시듦을 보시고

열매를 맺게 하신 당신은

나의 웃음을 만드신 후에

새로이 나의 눈물을 지어 주시다

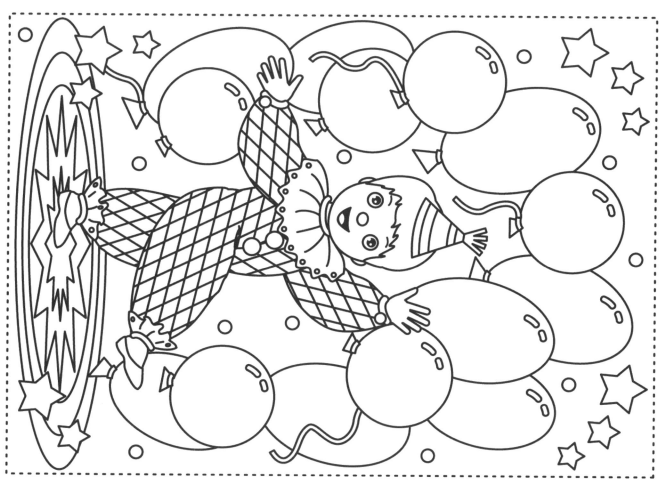

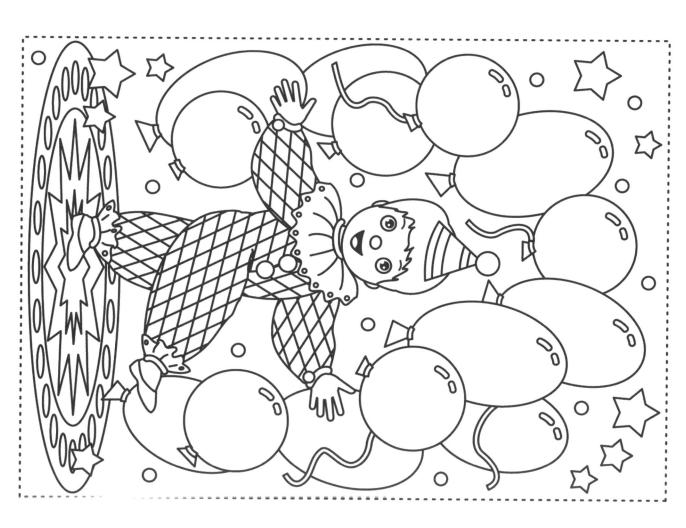

플라타너스

꿈을 아느냐 네게 물으면,
플라타너스,
너의 머리는 어느덧 파아란 하늘에 젖어 있다.

너는 사모할 줄을 모르나,
플라타너스,
너는 네게 있는 것으로 그늘을 늘인다.

먼 길에 올 제,
홀로 되어 외로울 제,
플라타너스,
너는 그 길을 나와 같이 걸었다.

이제 너의 뿌리 깊이
나의 영혼을 불어넣고 가도 좋으련만,
플라타너스,
나는 너와 함께 신이 아니다!

수고론 우리의 길이 다하는 어느 날,
플라타너스,
너를 맞아 줄 검은 흙이 먼 곳에 따로이 있느냐?
나는 오직 너를 지켜 네 이웃이 되고 싶을 뿐,
그곳은 아름다운 별과 나의 사랑하는 창이 열린 길이다.

플라타너스

□을 아느냐 네게 물으면,

플라타너스,

너의 머리는 어느덧 파아란 □□에 젖어 있다.

너는 □□할 줄을 모르나,

플라타너스,

너는 네게 있는 것으로 □□을 늘인다.

먼 길에 올 □,

홀로 되어 □□□ 제,

플라타너스,

너는 그 □을 나와 같이 걸었다.

잘 보고 한 글자 한 글자 따라써봅니다.

꿈을 아느냐 네게 물으면,

플라타너스,

너의 머리는 어느덧 파아란 하늘에 젖어 있다.

너는 사모할 줄을 모르나,

플라타너스,

너는 네게 있는 것으로 그늘을 늘인다.

먼 길에 올 제,

홀로 되어 외로울 제,

플라타너스,

너는 그 길을 나와 같이 걸었다.

달

정지용

선뜻! 뜨인 눈에 하나 차는 영창
달이 이제 밀물처럼 밀려오다.

미욱한 잠과 베개를 벗어나
부르는 이 없이 불려 나가다.

한밤에 홀로 보는 나의 마당은
호수같이 둥긋이 차고 넘치노나.

쪼그리고 앉은 한옆에 흰 돌도
이마가 유달리 함초롬 고와라.

연연턴 녹음, 수묵색으로 짙은데
한창때 곤한 잠인 양 숨소리 설키도다.

비둘기는 무엇이 궁거워 구구 우느뇨,
오동나무 꽃이야 못 견디게 향그럽다.

달

선뜻! 뜨인 ☐ 에 하나 차는 ☐☐

☐ 이 이제 ☐☐ 처럼 밀려오다.

미욱한 잠과 ☐☐ 를 벗어나

부르는 ☐ 없이 불려 나가다.

한밤에 홀로 보는 나의 ☐☐ 은

☐☐ 같이 둥긋이 차고 넘치노나.

쪼그리고 앉은 한옆에 흰 ☐ 도

이마가 유달리 ☐☐☐ 고와라.

연연턴 ☐☐, 수묵색으로 짙은데

한창때 곤한 잠인 양 ☐☐☐ 설키도다.

잘 보고 한 글자 한 글자 따라써봅니다.

선뜻! 뜨인 눈에 하나 차는 영창

달이 이제 밀물처럼 밀려오다.

미욱한 잠과 베개를 벗어나

부르는 이 없이 불려 나가다.

한밤에 홀로 보는 나의 마당은

호수같이 둥긋이 차고 넘치노나.

쪼그리고 앉은 한옆에 흰 돌도

이마가 유달리 함초롬 고와라.

연연턴 녹음, 수묵색으로 짙은데

한창때 곤한 잠인 양 숨소리 설키도다.

두 그림을 보고 다른 그림 10개를 찾아보세요.

읽고 빈칸 채워넣기, 쓰기, 그림찾기를 한번에!

책 읽기의 단순한 행위가 우리의 뇌 활동에 많은 긍정적 영향을 미칩니다.

텍스트를 인식하고 이해하며 뇌의 여러 단계를 거쳐 정보를 처리하고 뇌로 전달하며,

이 과정에서 전방, 측두, 후두 등 여러 부분의 뇌운동 활성화로 다양한 긍정적 영향을 미치며,

정서적 안정과 인지능력 향상, 사고력을 발전시킵니다.

빈칸 채워넣기, 따라쓰기, 숨은 그림찾기는 소근육 발달과 인지, 시지각 뇌기능을 활성화해

학습능력과 창의성을 자극함으로 우리의 뇌를 더욱 효과적으로 활용할 수 있게 됩니다.

아동에서 노인까지 꾸준히 읽기 쓰기를 반복 실행하는 것이 뇌건강을 지키며

우리의 삶을 활기차게 하는 가장 좋은 방법이 아닐까 생각합니다.

정서적 안정	인지능력 향상	학습능력 향상
사고력 발달	소근육 발달	시 지각 발달

13710

9 791198 867513
ISBN 979-11-988675-1-3

정가 12,000원

기억의 힘으로 뇌를 깨우다!

읽고 따라쓰는 명작동요

서미경 엮음

fitwell
시니어헬스케어 - 피트웰